地藏菩薩50問

學佛入門 Q&A

法鼓文化編輯部 編著

〈導讀〉

地藏大願，眾生成佛

地藏菩薩可說是只要有華人的地方，幾乎無人不識。然而，如聖嚴師父說過：「佛法這麼好，知道的人這麼少，誤解的人這麼多。所以發願要將自己知道的佛法，盡量分享給需要的人。」我也常感觸地藏法門是這麼好，知道的人這麼少，誤解的人這麼多。大家都知道地藏菩薩願力不思議，但因著種種迷思而無法深入地藏法門，所以我發願要將自己所知道的地藏法門，盡量分享給大家受益。

在民間信仰家庭長大的我，曾經對被稱爲「幽冥教主」的地藏菩薩，總是感到畏懼，在不知情的狀況下，誤以爲地藏菩薩就是掌管地獄的閻羅王，打從心底有著深深地恐懼、害怕，而不敢親近學習。幸好出家後，經常聽人說持誦《地藏經》種種益處，才開始願意試著讀誦《地藏經》，可是每次看到經文裡眾多的鬼道眾生名字，愈誦心裡就愈發毛，結果誦沒幾次，就決定改換持誦其他經本。

直到幾年前，我的母親因車禍往生，終於改變了我對地藏法門的認識。母親生前未學佛，在三寶和地藏菩薩的加持下，順利、安詳地捨報、往生，讓我從此深信地藏菩薩不疑，菩薩願力果然不捨任何一個眾生。如佛陀在《地藏經》說：「地藏！吾今殷勤以天人眾，付囑於汝。未來之世，若有天人，及善男子、善女人，於佛法中，種少善根，一毛一塵、一沙一渧。汝以道力，擁護是人，漸修無上，勿令退失。」這段經文就是母親的得度因緣，所以爾後幾年，每逢農曆七月，就會一整個月持誦《地藏經》，迴向給父母親及一切眾生。

由於農禪寺地藏法會的說法因緣，更讓我有機會探究《地藏經》的經義，如此再度誦經後，心中眞是充滿了無限的感恩及感動。地藏菩薩並非救地獄罪苦衆生而已，更積極的是要讓衆生不墮地獄。而所謂的地獄，重點不在於是否眞有地獄，而是當我們在造惡業時，地獄也同時在形成，可說是人造地獄。所謂的天堂或地獄，其實就在自己內心的方寸之間，能夠一念覺知，不被世間的煩惱困擾，那就是遠離地獄了。

聖嚴師父曾說：「菩薩的意思是對自己用智慧化解煩惱，對他人用慈悲救濟苦難。有智慧使心中不起煩惱，有慈悲使心中沒有敵人。能夠做到這兩點，就是菩薩。」如果我們能學習地藏菩薩發願，讓自己的心量寬廣如大地，不也就是人間菩薩嗎？

發願可以成爲我們生命的方向，讓人生不再徬徨無依。但是發願應該是「高高山頂立，深深海底行」，一開始發願就要發大願，但是下手處要從最低處開始才易落實，不會發空願。

除了每日持誦地藏菩薩聖號與《地藏經》等定課外，如何在日常生活練習地藏法門呢？最重要的是學習地藏菩薩的願力，展開淨化身心、淨化世界的實際行動，比如素食、少用塑膠袋等等，雖然只是簡單一餐，簡單一個行爲，卻就是在提昇自己的品質，建設人間淨土，能積沙成塔。

曾有人問我爲何想講說《地藏經》呢？因爲這是一部可以依經修行的「生命使用手冊」，不論是生病、惡夢、臨終、往生……，《地藏經》提供了從生到死的完整生命關懷。讓我們能透過學習生而爲人，走向究竟的成佛之道。

誠如聖嚴師父於《地藏菩薩的大願法門》的開示：「地藏菩薩的大慈悲願，能夠解決一切凡夫眾生生前、死後的問題，提供成佛之前的所有修行法門。」學習地藏法門，能夠幫助我們掌握生命的正確觀念與態度，進而活得快樂、病得健康、老得有希望。

所謂「業不重不生娑婆」，而修行就要學習做自己的主人。信仰地藏菩薩，不應只是期望得到菩薩的救濟，應該讓自己有自度度他的能力。特別是在五濁惡世的現在，魔強法弱的時代，對因果的觀念更應加強自我提醒，要依地藏法門持戒，守護自己的身心，照顧他人的平安。

很歡喜看到《地藏菩薩50問》的出版，這本書幫助人們釐清了很多似是而非的觀念，不但層次分明有系統，而且能簡單明瞭地介紹地藏菩薩信仰與修行方法，是初學佛者很好的一本必讀書。如能及早閱讀本書，相信能讓很多人不再蹉跎歲月，錯失深入地藏法門的良機。

法鼓山今年的年度主題爲「好願在人間」，正貼切地藏菩薩的大願精神。聖嚴師父曾勉勵大眾：「每人每天多說一句好話，多做一件好事，所有小小的好，會成爲一個大大的好。」如果我們每天至少發一個好願，讓佛法與自己的生命結合爲一，我們就都是地藏菩薩的好幫手了，能一起轉五濁惡世爲人間淨土！

釋果暉

法鼓山弘化發展專案
總召集人

目次

1 相信地藏願力無邊

2

認識地藏無盡寶藏

3 學習地藏有方法

4 地藏好願在人間

1

相信地藏願力無邊

Question
01

地藏信仰為何能普及流傳，影響廣大？

地藏菩薩發了大願，要度盡所有眾生才成佛，有著千百億化身，也有著無數的法寶。一句「地獄未空，誓不成佛」，撼動無數人心，大家相信地藏菩薩能守護人們不墮惡道，而學習菩薩孝親行善，廣發願心，對於華人社會文化或日常生活的影響至深。

重視孝道，深入民間

地藏信仰隨著地藏三經《占察善惡業報經》（簡稱《占察經》）、《大乘大集地藏十輪經》（簡稱《十輪經》）、《地藏菩薩本願經》（簡稱《地藏經》）的流傳，與地藏菩薩靈驗事蹟的廣為傳說，在明代大為興盛，尤其是《地藏經》重視孝道、陰間救度的精神，成了中國民間社會的救度希望，也使地藏菩薩成為跨宗教的信仰對象。民間信仰中，地藏菩薩成了冥界教主，地藏信仰融入民間社會，無形中成爲一股安定與制衡的道德力量。

《地藏經》的孝親思想，與中國儒家注重的孝道精神契合，包括對現世父母的「事孝」、祭享先祖的「享孝」，以及追祭亡父母的「追孝」等內容，讓地藏信仰易被人們接受而廣爲流傳。加上歷代大師推崇此經，例如弘一大師每逢母親忌日、母難日、清明節等，一定誦《地藏經》迴向給母親，弘揚佛門的孝道與因果思想。

守護人們的救度希望

當地藏信仰經由中國傳入鄰近的韓國、日本、越南後，由於地藏菩薩被視爲薦亡超度的信仰，相形之下較不受重視現世利益的王室青睞，反成爲一般民衆的救度希望，尤其是日本的地藏信仰，深入常民生活，幾乎處處可見地藏，是守護大地的另類土地公，也被視為孩童的守護神。無論是中國金地藏、日本六地藏等等，都是地藏的千萬化身之一，尤其隨著《地藏經》的傳布，加上融入當地文化、風情，不但發展出獨特的地藏信仰風貌，也成為文化瑰寶。

如何發掘地藏菩薩的寶藏？如何修持地藏菩薩的法門？發願是一把入門的鑰匙，我們也可以學習地藏菩薩的承擔力、意志力與包容力，讓地藏菩薩的大願、大孝與種種功德力量，成為啟發生命的內在寶藏！

佛陀入滅之前，將娑婆世界的眾生託付給地藏菩薩，只要有人生起一個小小的善念，地藏菩薩便會護念我們，直到成佛。地藏菩薩把一念孝親之心，擴大為照顧一切有情眾生，「眾生度盡，方證菩提，地獄未空，誓不成佛」。地藏菩薩撼動人心的誓願、平等無礙的慈悲、簡單踏實的修行，都是我們的修行典範。

（法鼓文化資料照片）

Question

02

地藏信仰起源於何處？

地藏菩薩在印度佛教時期，沒有發展出普及的信仰圈，直到傳入中國後才被尊爲四大菩薩之一，與觀音、文殊、普賢菩薩並列，而且受到本土文化的影響與轉化，在信仰內容上起了實質的變化，從而開展出屬於中國特色的地藏信仰。

地藏信仰起源於印度吠陀神話的地神傳說，可能源自《梨俱吠陀》的地神比里底毘，即是地天信仰。地天是十二天之一，爲守護大地的大地之神，相對於守護天空的梵天。大地能孕育萬物，而女性有生育力量，所以地神比里底毘以大地之母的形象出現在人間。當人們需要祈求財富、健康或對治怨敵時，便召請地神守護。地神在原始佛教時皈依佛陀，變成佛教的守護者，大乘佛教興起後，轉化爲地藏菩薩，除守護大地，更守護人們的心地。

（王育發　攝）

Question

03

地藏菩薩爲何也稱爲地藏王菩薩？

地藏菩薩在印度時期，雖與大地之神有關，卻和地獄冥王無關，爲何後來成爲了中國的幽冥界教主呢？地藏王菩薩是如何出現的呢？

約於北涼時期（西元五世紀至六世紀中葉之間），因《大方廣十輪經》隨著《大集經》的漢譯，而由中亞傳入中國；陳末隋初出現《占察善惡業報經》漢譯本，經中強調以地藏菩薩爲禮懺對象，又揉合民間的占卜風俗與佛教懺悔行法、眞如緣起論等，加上隋代信行法師所創的三階教，對《大方廣十輪經》十分推崇，對推展地藏信仰產生作用。

《十輪經》帶動地藏信仰

到了唐代，玄奘大師重新翻譯《十輪經》，因爲末法思想的流行，而使《十輪經》廣爲世人所重視，地藏信仰才眞正普及，經中鼓勵世人應禮懺地藏菩薩的行法，方得救度；寺院中常見供奉地藏像，同時也出現大量的冥報、靈驗、本生故事，強調鈔經、誦偈、造像、齋僧敬僧的功德，人們相信藉此將能免除死後在冥界的苦報，也反映了地藏信仰興盛的景況。

中國的地藏信仰與十王信仰

地藏菩薩專司死後救度的形象深入民心，主要是《地藏經》中特別強調，地藏菩薩地獄救度的大悲本願，獲得閻羅天子、諸大鬼王的護持助化，使得地藏信仰與十王信仰產生了合流的現象，也起了變化；加上地藏菩薩在冥界救苦救難的靈驗故事屢屢被傳頌，自此以後，地藏菩薩不僅只是救苦的沙門菩薩，更成爲冥

（李東陽　攝）

界十王的上首，幽冥界的教主。

因此，地藏信仰在民間流傳裡，「地藏王菩薩」漸漸地取代了「地藏菩薩」的稱號。

Question

04

歷史上眞有地藏菩薩嗎？

關於地藏菩薩的名號，約在西元三世紀中葉，安法賢法師所譯的《羅摩伽經》就已經提及，但直到約西元六世紀時，隨著《占察善惡業報經》的漢譯，地藏信仰才傳入中國，而且到了唐代才普爲人知。

地藏化身新羅僧人金喬覺

據《百丈叢林清規證義記》記載：「佛滅度一千五百年，地藏降跡新羅國主家，姓金，號喬覺。」新羅僧人金喬覺，出身於新羅王國皇室，二十四歲時剃度出家，法號地藏，來到中國安徽九華山修行七十五年，人稱金地藏，於唐玄宗開元十六年（西元七二八年）農曆七月三十日的晚上圓寂，世壽九十九歲。在至德二年（西元七五七年）的農曆七月三十日，因地藏比丘顯靈，從此被視爲地藏菩

（王育發　攝）

薩的化身。雖然關於金地藏的生卒年、行跡說法不一，但是他堅毅不拔的修持精神，廣爲後代所崇敬。

現沙門相的人間菩薩

由種種文獻資料和史蹟，可知地藏菩薩在歷史上眞有其人，不同於觀音、文殊、普賢等其他三大菩薩，爲更具「人性化」的菩薩，也使得地藏菩薩成爲四大菩薩中唯一現「沙門相」的菩薩。而地藏菩薩的人間道場九華山，在明代正式名列四大名山，到了清代更屢屢受朝廷的賜封，香火非常興盛。

Question

05

《地藏經》爲何稱爲孝經？

《地藏經》被視爲佛教的孝經，是因佛陀到忉利天宮爲母親講說本經，即是爲了盡一份孝道。另外，經中地藏菩薩的前世曾爲婆羅門女、光目女兩世以上的孝女，爲了救贖母親墮地獄之罪，解除罪業之苦，將家產供養三寶，廣修布施，善盡爲人子女之道。

誦念《地藏經》盡孝道

由於地藏菩薩過去世因孝順母親而發了大願心，也就是以孝女身而發願度盡眾生；因此在漢地，以農曆七月三十日爲地藏菩薩聖誕日，民眾除了祭拜祖先，或參加與地藏菩薩相關的法會，爲了表示孝道孝心，也都會誦念《地藏經》。

《地藏經》十分受到佛教徒的歡迎，地藏菩薩在經中展現的孝道精神，不因時空而褪色，又如蕅益智旭大師、弘一大師都曾爲父母誦《地藏經》，將功德迴向給父母。

孝道精神建立溫馨家庭

由於時代的變遷，現代的家庭結構不同以往，但家庭倫理的中心價值「孝道」，在現代更形重要，能讓日漸淡薄疏離的家庭關係，重拾溫暖關懷，眞正有家的味道。

（李東陽　攝）

Question

06

地藏菩薩的本願爲何？

《地藏經》全名《地藏菩薩本願經》，佛陀於經中說：「此經有三名：一名地藏本願，亦名地藏本行，亦名地藏本誓力經。緣此菩薩，久遠劫來，發大重願，利益衆生。」依《地藏經》來看，地藏菩薩具體的本願有四個，從經中菩薩因地的事蹟，更讓人了解到地藏菩薩每一次發願，都是爲利益衆生而起。

四大本願普利衆生

第一，在師子奮迅具足萬行如來住世時，地藏菩薩是大長者子，見佛莊嚴相好，因此發問：「修何行、發何願，才能得莊嚴相貌？」佛說：「應該發大願，在久遠劫中度脫受苦衆生。」大長者子便在佛前發願：「從今起，到盡未來際，我當廣設權巧方便，使造罪業受苦的六道衆生，皆得解脫，自己方成佛道。」此即地藏菩薩「衆生度盡，方證菩提」的本因。

第二，覺華定自在王如來住世時，地藏菩薩爲婆羅門階級的孝女，由於母親死後墮入無間地獄，所以變賣家產供養佛的舍利塔，一心稱念佛名，靠著佛的威神力得入地獄，不但救母出離地獄，所有在無間地獄受報的罪人，也都在同一天解脫。孝女因而在佛前立宏願：「願我盡未來劫，應有罪苦衆生，廣設方便，使令解脫。」由一己孝心而發度盡衆生之願。

第三，一切智成就如來未出家成佛時，是一位國王，與鄰國國王交好。當時國王發願：「希望早日成佛，來度國內這些造惡的衆生。」鄰國國王卻發願：「先度盡罪苦衆生，自己才成佛。」鄰國國王就是地藏菩薩，因爲這個偉大的發願，地藏菩薩到現在都還不願成佛，猶待迷途衆生幡然醒悟。

（傅鴻鈞　攝）

第四，在清淨蓮華目如來住世時，地藏菩薩化身爲孝女光目，爲了救度墮入惡道的母親，她對著空中向佛發願：「願意永遠度脫所有三惡道衆生，等全部衆生都成佛了，自己才成佛。」此即大衆所熟悉的：「衆生度盡，方證菩提；地獄未空，誓不成佛。」

願力堅固不退轉

地藏菩薩因爲在無量無數佛面前發願，願力堅固不退轉，因此能以百千萬億化身，在一日一夜之間，乃至一頓飯的時間，救拔許多苦難衆生。許多大菩薩雖化千百億身形於六道度生，但其願力仍有窮竟的時期；唯有地藏菩薩教化六道一切衆生，累劫所發誓願，如千百億恆河沙無有止境，因此地藏菩薩的大願，爲一切諸佛菩薩所讚歎。

Question 07

《地藏經》是眞？是假？

《地藏經》從晚唐（約西元九世紀中葉）傳入中國後，即在各地廣為流傳，是地藏信仰的主要推波助瀾者；不過歷來對於這部經的起源，學者間存有諸多疑慮。

學術上的判別

本經目前收錄於《大正藏》第十三冊，譯者爲于闐國三藏沙門實叉難陀，但近代學者考究《開元釋教錄》、《貞元新定釋教目錄》發現，在實叉難陀譯出的十九部經典中，並沒有《地藏經》，推論應是後人假託實叉難陀之名而作。加上經中所用的辭彙，如羌胡夷狄、造佛塔寺等，流露漢文化底蘊，所以引發「疑僞經」的討論。這是學術上的判別。

符合佛法原則，為祖師大德倡導弘揚

聖嚴法師在〈怎樣辨明佛經的眞僞？〉一文中指出，翻譯史上只要無法查證其時代和譯者的經典，便有眞僞與否的爭議，例如，學界長期存在「大乘非佛說」的論點。對此，聖嚴法師認爲，大乘典籍根據因緣法而講空、無、實相無相，根據因果法而談有、眞有、妙有，義理上不曾背離原始佛法的基本原則，因此不能以眞僞來做取捨。同樣地，《地藏經》闡揚因果業緣觀念，且屢屢爲祖師大德所倡導弘揚，自然有其在信仰及修行上的意義與價值。

此外，聖嚴法師也提出一些判別方法：如果稱爲佛經而無法確定是佛經或非佛經時，最好的辦法是比對藏經的目錄，如果經錄查不到，則必須檢覈是否與佛法基本的原則相悖；如果明載於目錄，雖被列爲「疑僞」部類，仍是可信、可讀的。

《華嚴經》說：「信為道元功德母，長養一切諸善法。」所謂「信滿成佛」，修行學佛，最重要的就是信心，只有信心十足，才能發出願力，實踐願行。如果半信半疑，如何全心全意修行呢？因此，修持《地藏經》，要聞、思、修，斷疑生信，圓滿信、願、行，才能成就佛道。

Question

08

誦《地藏經》容易有特殊感應？

受到民間信仰傳聞影響，有的人誤以為誦《地藏經》會有種種「特殊感應」。其實，持誦佛經是為了讓身心平安、開啓智慧，如果為追求感應，而讓身心煩惱不安，便本末倒置了。

修行要具正知正見

佛法所說的「感應」，原動力來自至誠心，與菩薩悲願相應，而有一份來自內心的感動，所以說「真心有感，菩薩有應」。佛教不特別強調感應，也不求感應。修行過程中，身心雖然會有轉化、淨化的現象，但是人的種種身心反應都屬於「覺受」，而非感應，只有在比較安靜時，才會發現微細的感受。

我們對於修行所遇的一切境界相，不要執著，也不要心生恐怖，應解行並重，以正知正見的觀念幫助修行。誦經時最好的態度，就是不三心兩意，讓專注力回到持誦的經文，才能幫助安定身心，透過經文增加智慧。

與地藏菩薩感應道交

《地藏經》在中國流傳很廣，影響無數大衆，民間輯錄的靈感錄也特別多。歷來的感應故事經過歸納，多爲祈願必成、住宅平安、拔業救苦，都和經中所說的地藏本願有關。持誦《地藏經》時，除了覺知身心覺受、反應外，應深化對佛法的信心，進一步對一切衆生發起平等的悲心，在生活與生命中實踐《地藏經》，更能與地藏菩薩的大願精神感應道交。

（李澄鋒　攝）

Question

09

誦《地藏經》有哪些益處？

地藏菩薩於娑婆世界眾生，有特別不可思議的因緣，以大慈悲，憐憫罪苦眾生，不只於人世，並於他道眾生，特別是地獄眾生，皆隨其所願，滿其所求。東初老和尚便於《菩薩眞義．地藏菩薩本願經概說》，說明依著地藏菩薩大願誦《地藏經》，可得十五種人天福利。

1. **十惡者獲益**：地藏菩薩大願平等，既度善人，也度惡人，造十惡業的眾生若能恭敬供養地藏菩薩，亦能得度。由此可見，菩薩救度眾生無分優劣。

2. **瞻禮者獲益**：修學佛法要恭敬三寶，於一切佛菩薩像前都應敬禮。無論誦《地藏經》，或持地藏菩薩名號，或合掌讚歎、作禮，都有無量功德。

3.歌詠者獲益：如以誠敬心，用以讚誦佛菩薩，即獲得無量功德，永不受橫報。

4.婦女者獲益：婦女誠心供養地藏菩薩，即獲得兩種利益：一是不再生女人世界，一是轉醜陋爲美麗。不厭女人身者，可於百千萬億生中常爲王女，諸相圓滿。

5.懺悔者獲益：所謂懺悔，即是誠意反省自責悔過，把內心厭離及希求的願望，完全坦白在佛菩薩像前披露懺悔，改過自新的作用，精神能獲無量安慰。

6.疾病者獲益：久病者修持《地藏經》可除罪延壽。現前的病苦，醫藥調養可免除一時苦痛，但不能免除宿業。於佛菩薩像前，或供燈，或布施塔廟，或誠意懺悔，能免除病魔，使死者永脫輪迴。

7.生產者獲益：生產子女誦經，對於家庭婦女者尤爲重要。

8.愚癡者獲益：人的根機有利鈍，智慧有淺深，論其原因，就是各人的宿業不同。要求聰明智慧，首先要能誠意懺悔宿業。展誦此經，不但病者可癒，並能消除宿業，增長智慧。

9.十齋日獲益：在家衆限於家庭及社會事業不能終日修持，當以十齋日最爲有利。此是地藏菩薩爲在家衆擇定的修持日，因而本經爲適合家庭修持的課門。

10.家庭水火不侵：家庭裡供養佛菩薩像，可杜絕惡夢，水火不侵。

11.家庭衣食豐富：家庭設立佛堂，供養佛菩薩像，可消除災難，使家庭安樂，衣食豐富。

12.臨命終時獲益：生前持誦本經，既可增長智慧，又能利益衆生；於臨命終時，得聞地藏菩薩名，一經入耳也有無量功德利益。

13.夢見先亡眷屬：如爲追憶久亡父母兄弟姊妹發願念經，地藏菩薩也能滿足願心。

14.存亡咸得其利：念經超度亡人，不僅有利亡者，而存者獲益尤多。念經超度亡者，雖然有利益，但所得者少。故人死之後，人間孝子賢孫固應念經超度，存亡皆有不可思議功德，倘能生前，自淨其意，誠願自修，所得利益尤大。

15.天人永不退墮：地藏菩薩爲六道衆生，化百千萬億形說法度衆，故不獨人類衆生聞地藏名而獲益，即天人一瞻一禮亦獲無量利益。天人六道循環，天福本有受盡的時期，故有五衰相現前。天人若能瞻禮地藏菩薩或持地藏菩薩名，即能「永不墮三惡道報」。由此可見菩薩悲願恩德深切，普及於六道衆生。

Question

10

信仰地藏菩薩就不會下地獄嗎？

依《地藏經》所說，地獄的所在之處，是包圍在三重業海之內，因為個人惡業所受苦報的等次不同，而有大大小小無量數目的地獄。依《俱舍論》區分，主要為根本地獄、近邊地獄、孤獨地獄三大類，佛經所說的地獄通常指根本地獄。根本地獄有上下縱貫的八熱地獄，四方連橫的八寒地獄；還有十六遊增的近邊地獄；處於山間、曠野、樹下、空中的孤獨地獄。

地獄、天堂皆自心所現

從果報來說，地獄的存在是有的，但是地獄並不一定有實際的方位、區域。地獄、天堂，都是我們自心所現，就在我們內心的方寸之間。日常生活中，當每一個念頭生起，只要有煩惱執著，覺得恐懼憤恨、痛苦至極，就等於在地獄中受

（江思賢　攝）

折磨。例如起了嚴重的貪念，就是墮爲餓鬼；覺得自己已走投無路，就是處於地獄邊緣。

離惡向善能遠離地獄

地獄存在於每個人心中，只要內心不受無明煩惱糾纏，言行離惡向善，就是遠離地獄。因此，信仰地藏菩薩，用心修學地藏法門，持戒守護身心，不造惡因，不結惡果，自然不會下地獄，還能修福修慧。

Question

11

佛陀將娑婆世界的眾生託付給誰？

佛陀於《地藏經》經文最後，將娑婆世界的眾生託付地藏菩薩說：「未來之世，若有天人，及善男子、善女人，於佛法中，種少善根，一毛一塵、一沙一渧。汝以道力，擁護是人，漸修無上，勿令退失。」由於地藏菩薩悲願無窮，所以佛陀把未度盡的一切眾生都囑託於地藏菩薩，並說未來一切眾生於佛法中，只要有微少善根都要救度。

助眾生永離諸苦，遇佛授記

佛陀並特別叮囑：「現在未來天人眾，吾今殷勤付囑汝，以大神通方便度，勿令墮在諸惡趣。」如有眾生隨業報應，而落在惡道，甚至是臨至地獄門前，只要有一念迴向，念一佛名或菩薩名，或是大乘佛經的一句一偈，佛陀都要地藏菩

（釋常鐸　攝）

薩現身救度。

地藏菩薩的大願承擔

救度眾生原本即是地藏菩薩的本願，自然願意承擔佛陀的重任，親口答應承諾：「我從久遠劫來，蒙佛接引，使獲不可思議神力，具大智慧。我所分身，遍滿百千萬億恆河沙世界。每一世界，化百千萬億身。每一身，度百千萬億人，令歸敬三寶，永離生死，至涅槃樂。但於佛法中，所為善事，一毛一渧，一沙一塵，或毫髮許，我漸度脫，使獲大利。唯願世尊不以後世惡業眾生為慮。」

有別於尋聲救苦、稱佛名號的救度方式，地藏菩薩像大地一般，無條件荷擔起一切眾生。面對地藏菩薩這樣的無邊願力守護，我們最佳的報恩方式，就是精進用功。

Question 12

地藏菩薩眞能度盡衆生嗎？

地藏菩薩「地獄未空，誓不成佛」的大願，守護六道衆生成佛的信念，感動無數人因而信仰佛教，但是也有人疑惑：「地藏菩薩眞能度盡衆生嗎？」「爲何地藏菩薩還未能超度我成佛呢？」

衆生結習深重不斷

東初老和尚於《菩薩眞義．地藏菩薩本願經概說》指出，地藏菩薩迄今未能度盡衆生的原因有三點：

1. 閻浮提衆生剛強難化。
2. 地藏菩薩悲願無窮，故衆生無盡。
3. 衆生不依止善道修行。

地藏菩薩雖有不可思議神通妙用，救度眾生，但眾生不願學法修行，怎能解脫？眾生愚癡無智，雖經開導，但又造業，菩薩如何度盡？佛法廣大，難度不信之人。是故眾生不能度盡，非菩薩願力神通不遍，而是眾生結習深重不斷。

成為地藏菩薩的好幫手

即使地藏菩薩願力無邊，如果我們不信自己能得救，不願懺罪悔過，只能錯過得度良機。因此，我們需要相信地藏菩薩，修學地藏法門，成爲地藏菩薩的好幫手，發願一起轉五濁惡世爲人間淨土。

（王育發　攝）

2

認識地藏無盡寶藏

Question

13

地藏菩薩的名字意義爲何？

地藏菩薩的梵名爲 Kṣitigarbha，音譯爲「乞叉底檗婆」，原是西元前一千多年前，印度吠陀神話中的地神，後入佛教的菩薩列，其中的 kṣiti，是 kṣi 轉化而來的，具有「地」或「住」之意，是地與大地，也是「地大」；而 garbha 是胎藏或含藏、伏藏之意，如金礦、銀礦、煤礦、鐵礦等，在佛法中稱爲「藏」，也就是庫藏的意思。

荷擔一切眾生的難行苦行

「地藏」的涵義從「地」來說，是地、水、火、風四大之一，能擔當一切，萬事萬物都在地上，因此以「地」來比喻地藏菩薩的浩瀚功德，能夠荷擔一切眾生的難行苦行。「地」也有依止的意思，一切草木皆依地而出生成長，比喻世間

（李澄鋒　攝）

一切自利利他功德，依地藏菩薩存在而引發。

蘊藏萬物，給予寶藏

聖嚴法師在《地藏菩薩的大願法門》中，更進一步解釋，地藏有「堪」和「住」的意思，「堪」就是可以、能夠；「住」就是安定、安穩。地，可以解釋為住處，也可以視為如同母親懷胎的胎藏、孕育眾生的大地一般。地能蘊藏萬物，讓眾生取之不盡，用之不竭，給予世人最珍貴的寶藏。

Question

14

地藏菩薩爲何發願在穢土成佛，現出家相？

每個菩薩的願力不同，地藏菩薩在《十輪經》裡發願要學習釋迦牟尼佛在穢土成佛，他說：「我今學世尊，發如是誓願，當於此穢土，得無上菩提。」

釋迦佛精神的眞正繼承者

印順長老於《佛法是救世之光》中說：「釋迦牟尼佛是出現於穢惡世界，並於此穢土成佛的。地藏菩薩要學習釋迦佛，發願於此穢土成佛，於此穢土度生，可說是釋迦佛精神的眞正繼承者。」

地藏菩薩爲何要現出家相呢？如果和觀音菩薩、普賢菩薩一樣現在家相，不是比較容易親近與度化眾生嗎？如果是在淨土成佛，淨土本已清淨，菩薩不需要

（許朝益　攝）

特別現出家相，但是發願在穢土成佛，便需要出家相爲醒世明燈，提供轉染成淨的解脫道路。

現出家相以淨化穢土

因爲穢惡世界的衆生自私自利，總是爾虞我詐，爭名奪利，社會充滿黑暗，需要僧團住持正法，顯現光明清淨的力量，即使社會大衆無法如僧人放棄私蓄財產，捨離情感煩惱，也能因而對修行懷抱信心與希望。因此，地藏菩薩需要現出家清淨相，讓衆生知道正法存在，進而產生淨化穢土的積極作用。

Question

15 爲何地藏菩薩的聖誕日是農曆七月三十日？

很多人好奇地藏菩薩的聖誕日，爲何是農曆七月三十日呢？這與金地藏的傳說記載有關，他被尊爲是地藏菩薩的人間示現。

《百丈叢林清規證義記》說金地藏：「至開元十六年，七月三十夜成道，計年九十九歲。」爲什麼農曆七月三十日既是金地藏的圓寂之日、成道之日，也是地藏菩薩的聖誕日呢？因爲金地藏圓寂成道，即是圓滿諸德、寂滅諸惡，解脫生死煩惱成道，所以是地藏菩薩的聖誕日。人們爲了紀念地藏菩薩，會在這日舉辦地藏法會。我們也應學習地藏菩薩發願，期勉自己用功修行，轉煩惱爲智慧，日新又新。

（梁忠楠　攝）

為何地藏菩薩的聖誕日是農曆七月三十日？

Question

16

地藏菩薩爲何手持寶珠與錫杖？

一般常見的中國佛教地藏菩薩造像，所執持的法器，大多爲右手執持錫杖，左手握著摩尼寶珠。如〈讚地藏菩薩偈〉形容：「慈因積善，誓救衆生，手中金錫，振開地獄之門。掌上明珠，光攝大千世界。」

錫杖震開地獄之門

錫杖本是僧人所持的法器，除代表正法，也有多種實用功能，如輔助行走、驅散禽獸蟲蟻，化緣時也可搖晃錫杖代替叩門。地藏菩薩手持錫杖，則是象徵錫杖能震開地獄之門，解救地獄衆生脫離痛苦，同時，錫杖也具有警醒沉淪衆生的惕勵意思。

如意寶珠光照眾生

如意寶珠象徵能圓滿眾生的心願，並照破眾生的無明。地藏菩薩手握如意寶珠，表示光明能遍照虛空法界，光攝三千大千世界所有的眾生，都能離苦得樂，得到光明解脫。

（張晴　攝）

Question 17

地藏菩薩的脇侍是誰？

地藏菩薩身邊有兩位一僧一俗的脇侍，即是閔公與道明法師。相傳來自新羅的地藏比丘，來到九華山時，得到當地員外閔公的崇敬信仰。閔公是一位樂善好施的佛教徒，也是九華山的地主。當他知道地藏比丘要建道場，便問需要多大的地，地藏比丘表示需要「一袈裟地」，閔公應許後，想不到一件袈裟竟然可以蓋覆整座九華山，閔公見此神變立即將整座山送給地藏比丘。

《百丈叢林清規證義記》記載，閔公的兒子求出家，即是道明法師，而閔公後來也隨之出家，反拜兒子道明爲師，父子先後出家爲僧。因此，我們見到的地藏菩薩身邊長者，即是閔公，而少者則爲道明法師。九華山成爲地藏道場後，閔公和道明便被塑成地藏菩薩的兩位脇侍。

（法鼓文化資料照片）

Question

18

地藏菩薩爲何會以神犬爲座騎？

傳說地藏比丘從新羅來華時，身邊只帶著一條白犬。白犬日夜相隨，助其逢凶化吉，直至地藏比丘坐化。這一白犬便是神獸，名爲諦聽的原形，爲地藏菩薩的座騎。

諦聽又稱「地聽」、「善聽」，似狗非狗，集衆獸瑞像於一身，虎頭、獨角、犬耳、龍身、獅尾、麒麟足。據說諦聽一耳豎起，能上聽十方諸佛菩薩的法音，另一耳垂下，能下聞人間、餓道衆生求救的聲音，擁有「坐地聽八百，臥耳聽三千」的神奇能力，能辨別世間一切善惡賢愚，尤其善聽人心。佛經裡常說：「諦聽！諦聽！善思念之！」「諦聽」意即要用心明白地聽聞佛法，不只耳到，也要心到。無論是誦持《地藏經》，或聽聞佛法課程，我們都要用心諦聽，領受法寶。

Question

19

地藏菩薩造像如何在中國發展？

地藏信仰約於西元六世紀傳入中國，當時少見地藏菩薩造像，可能是因強調稱念菩薩名號，所以造像不興，直到唐高宗永徽二年（西元六五一年），玄奘大師重譯《十輪經》，彰顯地藏菩薩地位，造像數量才日漸增加。

地藏造像有佛裝，也有菩薩裝，經典的依據可能出自《十輪經》卷一的「（地藏菩薩）或作佛身，或作菩薩身」。地藏像的菩薩裝主要保存在河南洛陽龍門石窟，佛裝則多出現於陝西彬縣大佛寺石窟。而《十輪經》所說的「地藏菩薩作沙門像」，則多集中於河北邯鄲南響堂山石窟。

隨著淨土教爲倡導西方淨土極樂，而宣說地獄極苦，讓唐代地獄觀念深植人心，如名畫家吳道子所畫的地獄變相，讓從事殺生行業的人改行。地藏菩薩的悲願，讓他成為地獄救贖、六道眾生解脫的希望，造像也顯現如此的意象。

地藏十王信仰

由於唐代盛行淨土信仰，地藏信仰與淨土信仰漸趨融合，不僅有許多靈驗故事，也常見地藏與觀音並造的圖像，或者與彌陀、觀音的組合造像。僧人於各地的教化，再加上鮮活冥報應驗故事，讓地獄化為具體的幽冥世界，甚至塑造出終極的審判世界，《閻羅王授記四眾逆修生七往生淨土經》（即《十王經》）便孕育而生。由於《地藏經》強調禮拜供養地藏菩薩，能免除地獄業報，所以地藏菩薩在地獄審判中，具有極崇高的地位。遊化僧在展開〈十王經圖卷〉弘法時，便將地藏的重要性開宗明義地闡述，令信徒敬重地藏十王信仰的最高地位。

手持錫杖與披帽地藏菩薩

地藏十王信仰的內容，不但迎合本土需求，還揉合民間傳奇故事。如《還魂記》描述，誤入地獄的道明和尚遇上「目比青蓮，面如滿月，寶蓮承足，瓔珞莊嚴，錫振金鐶」的地藏菩薩和隨侍在側的金獅，並囑咐他回到陽間時，應向世人說明地藏菩薩之形貌，道明和尚依其言，將地藏菩薩的圖像流傳於世。因此，出現許多沙門造形的地藏作品，手持錫杖，前有道明和尚和金獅。《還魂記》的故事，不但強化地藏菩薩在地獄的地位，確定應有的圖像，造像內容也包括分列其側的冥界十王。這些相關的造像，都代表地藏、十王、淨土三者緊密的結合，讓業障纏身的諸有情終能獲得解脫。

地藏十王信仰除了在中原、敦煌、四川流行之外，在南宋的寧波也十分興盛，作品甚至大量外銷，現存於日本、韓國的寺院，或典藏於歐美的博物館。浙江寧波大量製作的圖像，於每一殿都強調審判過程和驚駭的地獄刑罰，這些作品除影響後世的水陸法會，也因流通至日本和韓國寺院，形成深刻的文化烙印。

Question

20

日本的地藏信仰有何特色？

如果有機會到日本，會發現地藏菩薩塑像隨處可見，幾乎等同於臺灣的土地公，寺院、神社或農田、街頭，隨處可見戴著紅圍兜的可愛菩薩。

日本地藏信仰約在唐朝隨著《大方廣十輪經》傳入，當時正值奈良時代（西元七一〇－七八四年），這是地藏信仰發展的初始階段，於平安時代（西元七九四－一一九二年）隨著密教而流行，從源平時代開始，漸漸成爲武士間的信仰，尤其在北條足利時代盛行至極，進入德川時代，更發展出二十四個名刹朝山盛況。

全能的守護神

地藏信仰直到平安時代後期才眞正興盛，地藏三經加上《佛說延命地藏菩薩經》、《佛說地藏菩薩發心因緣十王經》的流布，以及各種靈驗感應記與文學作品在民間流傳，使地藏信仰非常興盛，開展出比中國更加多元化的地藏信仰。

如日本地藏信仰與「賽之河原」思想結合，假託爲空也上人所撰的《西院河原地藏王和讚》影響很大。西元九世紀時，京都西院河原（賽之河原）的河埔地是百姓的埋葬處所，後來漸成夭折孩童專用，西元十世紀時，因窮人無力埋葬屍骨只能任其曝曬，稱爲「賽之河原地獄」。遊方唱導念佛的空也上人，助其埋葬屍體與念佛迴向。因此，出現與孩童、生產有關的地藏菩薩信仰，地藏菩薩也成了孩童的守護神，例如祈求安產的「腹帶地藏」。也因爲孩子的日文發音和紅色很像，地藏菩薩圍上了紅色的布兜，形成獨特的地藏造像。

（張晴　攝）

常民文化象徵的地藏

地藏菩薩救度六道眾生的悲願，在日本演繹成了獨特的「六地藏」信仰。六地藏在台密派（傳教大師創）《蓮華三昧經》指的是日光地藏、持地地藏、除蓋障地藏、寶印地藏、寶珠地藏、檀陀地藏；在東密派（弘法大師創）的《覺禪鈔》中，指的是大堅固地藏、大清淨地藏、清淨無垢地藏、大光明地藏、大德淨地藏、大定智悲地藏。六地藏在日本非常普遍，尤其許多墓園入口都會供奉六地藏，這也是屬於日本的特有墓園文化。

由於地藏菩薩在日本受到庶民的歡迎，而非皇室貴族的扶持而興盛，在日常生活演化出各種功能的地藏，例如釘拔地藏能拔除眾生痛苦、塗入地藏專治牙疼、眼疾地藏能治眼疾、代受苦地藏能收受代替眾生受苦、油掛地藏能讓生意人財源廣進，其他還有雨止地藏、刺拔地藏、延命地藏等等，這些擁有特異功能的地藏菩薩，可說是從《地藏經》的種種功德所變現。

日本民間相信地藏菩薩具有守護此世（現世）與彼世（冥界）界線的神力，於是佛教與神道信仰結合，形成在村落入口供奉地藏菩薩像的習俗，地藏菩薩成了常民生活的守護神。從地藏相關的特色活動與節慶，如六地藏巡行、地藏王盆、地藏王流、地藏王講等活動，可看出地藏信仰在日本融合佛、神道、民間信仰，以及風情文化，形成獨樹一格的信仰特色。

Question

21

什麼是千體地藏？

一般人都知道千手千眼觀世音菩薩，會因應衆生祈願需求，而化現不同身分救度苦難，地藏菩薩也是如此。

不同時空，化身無數

地藏菩薩由於他的大願力，常於不同時空濟度衆生，化身無數，所以又稱爲「千體地藏」。如《地藏經》裡，地藏菩薩對佛說：「世尊！我承佛如來威神力故，遍百千萬億世界，分是身形，救拔一切業報衆生。」

成為地藏菩薩的人間分身

菩薩精神是不爲自己求安樂，不爲自己得解脫，爲度衆生，可到六道輪迴衆生中示現。在《十輪經》裡，地藏菩薩因其大願，不但示現大梵王身、帝釋身、聲聞身等等，示現羅刹身、地獄身，甚至示現獅、象、虎、狼、牛、馬身，以方便教化六道衆生。地藏菩薩特別悲憫五濁惡世的衆生，應衆生祈求而助其轉危爲安，進而修福修慧，累積解脫生死的資糧。

地藏菩薩的神通力，雖然不可思議，但是比起神通力，地藏菩薩廣度衆生不疲憊的願力，更加不可思議。我們也應學習地藏大願精神，發願成爲地藏菩薩的人間分身，共建人間淨土。

Question

22

地藏菩薩是閻羅王嗎？

由於地藏菩薩經常出入地獄，又有「幽冥教主」之稱，所以常常讓人把他和民間傳說的閻羅王混為一談。

佛教信仰中沒有掌管地獄的閻羅王，不過有一「閻摩天子」（Yāma），閻摩天子源於印度吠陀神話，是負責引導亡靈到天國享福的神祇，被印度人視為冥界的審判官，而這個思想引入佛教後發展為夜摩天，是個遠離諍鬥、持戒利他的天界，和閻羅王一點關係也沒有。至於十殿閻羅的說法，則是摻雜了佛教和道教而衍生的民間神話，所以不論夜摩天或閻羅王，都不是地藏菩薩。地藏菩薩雖然發願「地獄未空，誓不成佛」，但這並不是說地藏菩薩只拯救地獄眾生而已，事實上，他和觀音菩薩一樣都有千百億化身，救度某一類眾生時，就會變成那一類眾生的樣子，以幫助我們行善修慧，不墮惡道。

（釋常鐸　攝）

Question

23

目蓮救母的目蓮是地藏菩薩嗎？

目連尊者和地藏菩薩雖然都曾經到地獄解救母親，不過兩位其實並無關聯。

目連救母

「目連救母」源自於《佛說盂蘭盆經》，說的是佛陀弟子大目犍連尊者的故事。目犍連尊者證得阿羅漢後，想到自己過去沒有善盡孝道，便用神通尋找父母所在之處，結果看見母親在餓鬼道受苦，他於心不忍，便用缽盛了美食想讓母親享用，想不到入口之際卻全燒成了炭，無計可施的他，只好向佛陀求助，佛陀便教他在僧自恣日這天（農曆七月十五日），用百味飲食供養僧衆，藉著供養三寶的福德，解救母親和餓鬼道衆生的倒懸之苦，這也正是佛教「盂蘭盆節」的由來。

（梁忠楠　攝）

從救助母親到救度眾生

而地藏菩薩的故事和目犍連尊者有點相似，地藏菩薩在過去生中，曾經有一世身為婆羅門女，當時也是因為母親墮入地獄受苦，於是變賣家產，買了香花和許多供品來供養覺華定自在王如來的舍利塔，供佛的功德後來也幫助母親出離地獄。不過，和目犍連尊者不同的是，婆羅門女親眼目睹地獄裡的種種苦毒後，更發願要廣設方便讓所有衆生都能解脫，這便是地藏菩薩「衆生度盡，方證菩提」的大願。

Question

24

地藏菩薩是土地公嗎？

地藏菩薩並非土地公，會有這種說法，大概是從「地藏」的梵文而來，**Kṣitigarbha** 原意有大地蘊藏、胎藏的意思。《十輪經》裡便提到，地藏菩薩有孕育萬物生長的特質：「此善男子威神力故，能令大地一切，草木、根鬚、芽莖、枝葉、花果，皆悉生長。」

這段經文乍聽之下，地藏菩薩的確很像民間崇拜的土地公，保佑莊稼的收成，不過經中是透過菩薩的心行與功德，譬喻每個人的心地都含藏善根種子。只要我們學習並實踐地藏菩薩的精神，開發埋藏心中的寶藏，每個人都是地藏菩薩，都有著救度大眾的能力，能守護我們的大地與世界。

（李蓉生　攝）

Question

25

九華山爲何是地藏菩薩聖地？

聳立在安徽省青陽縣境內的九華山，一直被視爲是地藏菩薩的人間道場。

新羅僧人金地藏傳奇

九華山在漢代名爲陽陵山，在唐代以前稱九子山，直到詩仙李白應邀遊山，當他遠眺九峰如天賜九蓮，寫詩讚曰：「妙有分二氣，靈山開九華。」從此以後，「九華山」名聞天下。佛教始傳入九華山，則除了相傳東晉安帝隆安五年（西元四〇一年），天竺僧人杯渡入山建庵，另有一說是南朝梁武帝天監二年（西元五〇三年），僧人伏虎尊者在九華山拾寶岩建伏虎庵，但九華山的聖蹟傳說，卻是由新羅僧人「金地藏」所寫下。

（李蓉生　攝）

金地藏是新羅王國的王子，二十四歲出家後，爲求法而於唐玄宗時渡海來中國，在九華山艱困的環境裡，精勤修行，感動當地人們護持建寺，此即九華山正式興建寺院的緣起。九華山的僧才輩出，除了金地藏，南宋大慧宗杲曾朝禮九華山；明萬曆年間入山的海玉禪師，活了一百一十歲，時人尊稱他爲「百歲公」，並建「百歲宮」紀念他；明末蕅益大師也入九華山，精進拜懺、持咒、講經。

九華八百寺，散在雲霧中

自明代起九華山日益興旺，朝廷屢次賜金修建化城寺，萬曆年間還兩度頒賜藏經給化城寺，寺庵總數超過一百，僧尼衆多，與五台山、峨嵋山、普陀山共稱中國佛教四大名山。

清朝康熙、乾隆皇帝曾數次巡遊江南，分別欽賜「九華聖境」、「芬陀普教」匾額，並屢賜重金修繕化城寺。九華山又有了進一步發展，除化城寺十方叢林外，又形成了百歲宮、甘露寺、東崖寺、祇園寺四大叢林。到清朝末年，九華山寺院一度增至一百五十多座，僧衆多達三、四千人，香火之盛甲天下，這也代表地藏信仰的蓬勃、興盛。

隨著金地藏的聖蹟傳說，歷唐、宋、元代，至明、清達到鼎盛，有「九華八百寺，散在雲霧中」之稱，九華山入列中國四大名山，被視爲地藏的人間道場。除了中國境內，越南、日、韓等地也流行地藏信仰，九華山更是各地地藏信徒的朝聖之地，時至今日朝聖客、遊客絡繹不絕。

Question

26

蕅益大師如何受地藏菩薩感動而製懺儀？

明末的蕅益大師是一位大通家，舉凡禪、律、天台、淨土，無不弘揚，對於地藏信仰尤其推崇。不過這位大師在出家之前，卻是個離經叛道、專找佛教麻煩的人，究竟是什麼事改變了他？他爲何會信仰地藏菩薩，並製作《讚禮地藏菩薩懺願儀》？

從謗佛到出家

在傳記《靈峰宗論》裡，蕅益大師提到他的父親持了十年的〈大悲咒〉，夢見觀音大士送子才生下了他，所以他從七歲開始吃素，還曾經多次夢到觀音菩薩，按理說來應該是個天生的佛教徒，但這一切在他接觸儒家思想之後，卻非如此。

年輕氣盛的他，不但寫了許多長篇論述批判佛教，也索性開了葷酒，一直到十七歲讀了蓮池大師所寫的《竹窗隨筆》後，才稍微改變他對佛教的態度，並且焚毀那些謗佛的文章。不過，眞正讓他踏入佛門的關鍵，是二十歲時父親重病往生，他當時爲父親誦《地藏經》，地藏菩薩的大孝大願寬解了喪親傷痛，也激起了出世度衆的願心。

地藏滅罪思想的信仰依靠

如果《地藏經》的孝道思想是蕅益大師出家的發端，那麼《占察善惡業報經》的滅罪思想，便是他出家後最重要的信仰依靠。他出家後不但經常生病，而且多次徘徊生死關頭，他認爲這是過去誹謗三寶而感招的業果，所以當從《占察經》裡讀到地藏菩薩發願拔除衆生罪障時，大受感動，明白定業是可以轉的，並依此寫了《占察行法》做爲懺悔修行之用。

（傅鴻鈞　攝）

後來蕅益大師又根據「地藏三經」製作《讚禮地藏菩薩懺願儀》，他在文中特別指出，年少時有幸聽聞《地藏經》，轉邪見為正信，如今又因地藏菩薩的善巧救拔，才讓他得以契入大乘佛法，地藏信仰對他的影響之巨，可見一斑。

三十七歲那年冬天，蕅益大師病得很嚴重，便隱遁九華山懺罪自修，那段時間他以「地藏孤臣」自居，禮地藏塔、鑄地藏像，也曾結壇百日專持〈滅定業眞言〉，並鼓勵大眾誦持地藏聖號。在蕅益大師的倡導下，九華山地藏信仰在中國東南一帶廣為流傳，延續到了近代，包括太虛、印光、弘一等諸位法師都曾朝禮九華山。蕅益大師所寫的《讚禮地藏菩薩懺願儀》仍是當代佛教徒禮懺的範本，他一生對於地藏法門的弘揚，可說是「盡形壽，獻生命」了。

Question

27

弘一大師爲何發願弘揚地藏法門？

西元一九三〇年，天台山靜權法師到浙江金仙寺講《地藏經》時，不少僧俗四衆前來聽講，當法師談到〈閻浮衆生業感品〉光目女救母的故事時，台下忽然有人嗚嗚咽咽哭了起來，台上、台下都被這哭聲給嚇了一跳，尋聲一看，竟然是弘一大師！

衆所皆知弘一大師專研律學、弘揚南山律宗，他爲何也弘揚《地藏經》？地藏菩薩的本願爲何會觸動他的心？

誦《地藏經》迴向母親

原來弘一大師從小喪父，母親獨力將他拉拔長大，母子二人相依爲命、感情融洽，可惜美好的時光並不長，大師二十六歲時母親病故，當時尚未出家的弘一大師（俗名李叔同），悲痛不已，甚至改名「李哀」悼念母親。往後，每逢母親忌日、母難日、清明等日子，大師一定誦《地藏經》迴向母親，佛門的孝道及因果思想，早在他出家之前便深深影響著他，也難怪光目女救母報恩的故事，讓他忍不住失聲痛哭。而靜權法師駐錫講經的兩個月，弘一大師從未錯過一堂，據說弘一大師的孝心，後來也感得靜權法師發願，專講《地藏經》和《佛說阿彌陀經》。

誓作地藏真子，願為南山孤臣

弘一大師不只誦經、鈔經，也廣爲弘揚地藏法門，除了鼓勵淨土宗的修行者，兼誦《地藏經》做爲助行之外，他也將歷代祖師大德對地藏信仰的解釋，集錄成《地藏菩薩聖德大觀》流通。而他的學生豐子愷更深受啓發，有一回豐子愷探望恩師時，主動提起要皈依佛門，當天在弘一大師座下皈依三寶後，師徒二人隨即合誦一部《地藏經》互勉，後來兩個人合作繪製出版的《護生畫集》，也可看出地藏信仰的影子。

例如在畫冊第一集的〈親與子〉，大師便撰文「今日爾吃他，將來他吃爾」，除了點出護生護心的慈悲精神，更蘊涵了地藏信仰中因果業緣的觀念。《護生畫集》共有六冊，畫冊裡收藏的四百五十幅畫作，均以「護生愛物」爲主旨，前二冊並由弘一大師爲每一幅畫題偈，透過藝術創作的方式，爲當代弘揚地藏精神做了最佳示範。

深受地藏信仰所感，西元一九三五年弘一大師五十六歲生日時，在淨峰寺寫下「誓作地藏眞子，願爲南山孤臣」這幅對聯，這不僅是大師對自己的期許，也可說是大師一生修學的寫照。

（傅鴻鈞　攝）

3

學習地藏有方法

Question

28

地藏信仰與法門有何特色？

在中國佛教的四大菩薩裡，地藏菩薩以「願力」聞名，而尊稱大願地藏菩薩。地藏法門主依「地藏三經」開展而來，不論是持誦地藏菩薩的經典、聖號、懺本或儀軌，或是持戒、禪觀等等，都能幫助我們不造惡業，懺罪除障、消災增福，行菩薩道。

地藏信仰與法門的特色包括：

一、**大願救度眾生**

救度眾生是地藏菩薩的本願，他教化六道一切眾生，所發誓願的劫數，多如不可勝數的千百億恆河沙。而地藏菩薩特別重視地獄的眾生，每日清晨入諸禪定，遊化六道，以救拔罪苦眾生，可見其「地獄未空，誓不成佛」的悲願。

二、深信因緣果報

地藏三經所提出的修行方法與福德利益，雖然不盡相同，但根本精神都在助人了解因果業報，力行十善法門，出離生死，共成佛道。

三、重視孝道精神

《地藏經》被視為佛教的孝經，佛陀到忉利天宮為母親說法，是為了盡一份孝道，而地藏菩薩過去世因孝順母親而發大願心，以孝女身而發願度盡眾生，經中的孝道精神影響深遠。

四、救濟臨終關懷

印順長老認為地藏菩薩的拔濟願力有三：一、地藏本願永為濟拔，二、臨終時之救拔，三、命終後之拔濟，點出地藏菩薩照顧人們生時、臨終時、死後，讓生有依，死有歸。

（梁忠楠　攝）

地藏菩薩的救度，幾乎貫穿了我們生命的每個階段，尤其對於久臥床枕、臨命終時，甚至命終之後七七日內，只要一念迴向，念一佛名、一瞻一禮，或者做大布施、誦經禮懺……，都能不墮三塗。這份來自地藏菩薩的祝福，不僅幫助亡者善終，也讓每顆不安的心有所依止，對當代臨終關懷、生命教育皆深具啓發。

Question 29

如何學地藏菩薩發願？

地藏菩薩最令人感動的是他的大願，學習地藏菩薩的精神，不能不知發願，應該如何發願呢？聖嚴法師於《地藏菩薩的大願法門》中，以《占察善惡業報經》為本，提供學習地藏菩薩發願的方法。

一、總禮諸佛，願眾生修學佛寶

應當先生起至誠心，總禮十方一切諸佛，同時祈願一切眾生能早日親近、供養十方諸佛，聽聞諸佛說法，並至心迴向讓一切眾生得到利益。

二、禮敬法藏，願眾生修學法寶

應該禮敬十方一切法藏，發願十方一切眾生能夠受持、讀誦，如法修行，並具備為他人說法的能力。

三、禮敬衆僧，願衆生修學僧寶

應該至心禮敬十方一切的賢聖，也就是一切的僧寶，包括賢僧及聖僧。賢僧是指持戒修福清淨的比丘、比丘尼；聖僧則是指阿羅漢、辟支佛和大乘等地以上的菩薩。除了禮敬十方一切賢聖僧，同時也要發願，願十方一切衆生，都能很快親近、供養一切賢聖僧，而且要發永不退轉的菩提心。

所謂發菩提心就是發成佛的願心，發度衆生的大慈悲願心，這也是地藏菩薩以及一切諸佛菩薩共同的願心。不但自己發菩提心，也願一切衆生都能發菩提心，並且不退轉、不退心。所謂「志不退轉」，是說現在不退，將來、永遠也都不退，如果能不斷地發這樣永不退轉的願心，就能眞的不退願心了。

四、禮敬地藏菩薩，願衆生滅罪除障，生活便利

應該至心頂禮地藏菩薩摩訶薩，而且祈願十方一切衆生，很快除滅惡業重

罪，離開所有一切障礙，順利得到生活上所有的便利，沒有任何缺乏。

五、一心稱誦地藏菩薩名號

最後一心稱誦地藏菩薩的名號，或默念「南無地藏菩薩摩訶薩」，念滿一千遍後再說：「地藏菩薩摩訶薩大慈大悲，唯願護念我及一切眾生。」便能很快滅除一切障礙，增長清淨的信心。

（梁忠楠　攝）

Question

30

一般人家裡可以供奉地藏菩薩嗎？

民間傳說地藏菩薩專門接引亡靈，不宜擺在家中，否則會招來橫禍，其實，這是錯誤的觀念，供奉地藏菩薩不但不會招來橫禍，而且好處眾多。

守護全家健康平安

《地藏經．地神護法品》便提及，如果供奉地藏菩薩，而且經常禮拜、供養、誦經的話，就能獲得土地豐饒、居家平安、先亡生天、延年益壽等十種利益，而且堅牢地神也會日夜守護，讓一家大小健康又平安。因此，如果家裡想要布置新佛堂，地藏菩薩像也是個很好的選擇。

（釋常鐸　攝）

清潔之地，朝向光明

此外，經中提到佛像應該安置在「南方清潔之地」，「南方」所指的不是地理方位上的南方，而是智慧、光明的方向。一般來說，佛堂應該設在乾淨、明亮、清淨的空間，而佛像則安奉屋內的正位上首，讓人進門就能一目瞭然，產生安定的感覺，只要符合這個原則，佛像所擺的位置就是南方清潔之地了。

Question

31

鬼月和半夜修地藏法門，是否易招感鬼神？

佛教不談怪力亂神之事，但佛教相信，雖然佛法宣揚的主要對象是人，但其他有情，如神、鬼及部分的傍生或動物也能信受佛法，所以法會誦經時，有情眾生也會聽經聞法。

資益有情，冥陽兩利

在家自修地藏法門，無論誦經、持咒，皆無須感到不安，應如常誦持，並學習地藏菩薩生起救度一切眾生的悲心。《地藏經．如來讚歎品》裡提到，如果在夢中看見鬼神，有的悲苦、有的恐怖，並不需要害怕，這是過去生中的親人墮在惡道，希望能獲得我們的救拔，所以誦經時也可以觀想累劫的六親眷屬、怨親有緣一起來聽經聞法，並且把功德迴向一切有情，祝福他們能脫離惡道。因此，誦

（許朝益　攝）

《地藏經》不但幫助自己修行，也能資益有情，可說是冥陽兩利的事。

誦經、持咒沒有時間限制

此外，誦經、持咒都沒有時間限制，但最好能選擇身心處於平靜、放鬆的狀態，例如早上起床後或晚上睡覺前，這樣才能專注、不昏沉，誦經時則用恭敬心，在佛堂或清淨處來持誦，領受佛的慈悲與智慧。

Question
32
如何修地藏菩薩持名？

持名念佛是最簡易、穩當的地藏法門；地藏菩薩過去生中，不論身爲婆羅門女或光目女時，都是因爲稱佛名號而獲得佛菩薩的濟拔，而在《地藏經‧稱佛名號品》裡，地藏菩薩更直接開示念佛是眾生成佛的根本大法。地藏三經也都提到，只要我們一心皈依，稱念地藏王菩薩聖號，就能獲得地藏菩薩護念，增長信心、迅速除障、所求皆遂，也難怪蕅益大師曾讚歎：「唯此持名一法，收機最廣，下手最易。」

稱名方式，可以持念「南無大願地藏王菩薩」、「南無地藏王菩薩」，或只稱「地藏菩薩」。念佛是「繫念佛菩薩的功德與相好莊嚴」，能幫助我們契入地藏菩薩的大願德行，啓沃內在的菩提種子、長養信心，因此念佛可以說是所有方便法門中的第一方便。

（許朝益　攝）

Question

33

如何修地藏菩薩咒語？

與地藏菩薩相關的咒語多達十幾種，而流傳最廣也最為佛教徒所熟悉的，是「蒙山施食儀」中的〈滅定業眞言〉，即「唵　鉢囉末隣陀寧　娑婆訶」（om pramardane svaha），有摧伏、散滅一切罪障及惡業的意思。

〈滅定業真言〉消除業障

〈滅定業眞言〉出自《陀羅尼集經》卷六，原名為〈地藏菩薩法身印咒〉，此咒是基於地藏菩薩的根本願力而說，因此有種種不可思議的威力，能幫助眾生消除業障。密教修行者認為修持此眞言，可與地藏菩薩的法身相即相入，最終可成就像地藏菩薩一樣的大願功德。

破除煩惱、遠離苦因

除此之外，常見的地藏菩薩咒語還有「南麼三曼多　勃馱喃　訶訶訶　微娑麼曳　莎訶」（namah samanta-budanam ha ha ha vismaye svaha），此咒出自《大日經》卷四，名爲〈地藏旗印眞言〉，在日本相當受歡迎，是日本佛教徒每日必誦的十三佛咒語之一。而ha（訶）爲地藏菩薩的種子字，常見於各種地藏咒，此字的梵文原意有殺害、捨離的意思，連續三個「訶」字，則代表地藏菩薩以種種法門利益衆生，破除煩惱、遠離苦因。

Question

34

爲何修地藏法門能懺罪除障？

地藏法門特別重於助人不墮惡道，地藏菩薩除以大悲願力拔濟眾生，也教導許多修行方法，可以懺罪除障，修福修慧。

聖嚴法師於《學佛群疑》說明：「消災、延生的原理，在於懺悔及發願。應該接受的果報，必須接受；但是在懺悔心生起之後，願心發起之時，未發生的果報也會跟著轉變。」因此，期盼懺罪除障的人，既已懺悔、發願，自然不會一邊祈求地藏菩薩守護，卻又一邊繼續造惡，而能坦然接受果報，行善培福，消災除障。

能夠以地藏法門爲修行指南，不種惡的種子，自然不結惡果。用心發願、學佛、修善，自然就能轉危爲安，改變未來的命運。

（王育發　攝）

Question

35

地藏菩薩教導的根聚法門是什麼？

學菩薩、做菩薩的過程，難免出現各種障礙，例如誦經時容易打瞌睡，或者心浮氣躁不容易修習禪定等等，這都是因爲過去生所帶來的習氣惡念，受外境引發業力種子，導致修行不容易得力，因此地藏菩薩便教導我們從懺悔入門，轉化罪業、清淨身心。

懺罪除障的根聚法門

由於累世以來的惡業或善業，都是從我們的身、口、意三業所造作的，因此《占察善惡業報經》提出「木輪相法」做爲懺除罪障的方法：入懺前先擲木輪，透過輪相來審視自己的身、口、意三業，判斷業障的種類、大小強弱、清淨與否，然後再入懺。從占察輪相判斷罪業輕重的方式，經常讓人誤以爲木輪相法和算命、批八字沒有兩樣，實則不然。

占察木輪的方法，又稱爲「根聚法門」，「根聚」是指六根、六塵、六識的相聚，由於我們的一切行爲都脫離不了根、塵、識的作用，就像眼睛看到好看的、耳朵聽到好聽的便起貪著愛戀，身不由己，因此地藏菩薩便教我們將六根、六塵、六識之間的作用聚合起來「占察」一番，換句話說就是檢視自己的身、口、意，承認自己犯的過錯，隨時懺悔改過，甚至在起心動念之際，試著轉化它。因此，木輪相法是以懺悔爲基礎，清淨身、口、意三業的修行法門。

依《讚禮地藏菩薩懺願儀》禮懺

由於占察輪製作不易，而且觀察輪相的方法相當繁複，所以明朝蕅益大師另制《讚禮地藏菩薩懺願儀》，方便一般大衆禮懺消業障，而這部懺法就是現今參加地藏懺法會所誦持的底本。

除了參加法會拜地藏懺之外，弘一大師也曾提醒修行者活用占察懺法，讓修行與生活結合，行十善、去十惡，就是占察懺法在生活中的具體實踐。

Question

36

爲何要參加地藏法會與地藏懺共修？

由於社會大衆常將地藏菩薩與死後世界聯想在一起，如果不是爲超度祖先或往生親友，可能不會想去寺院參加地藏法會與地藏懺。其實，地藏法門不只能超度亡者，更能利益生者，幫助我們懺罪祈福，心開意解，領受種種法益。

學佛的入門經典與修行指南

地藏法會爲《地藏經》的共修法會，透過持誦《地藏經》，學習地藏法門。《地藏經》以通俗易懂的文字，詳盡講述因果業緣、孝道思想、大乘行者利他精神，不但是適合初學佛者的入門經典，更是精進修行者培養成佛資糧的修行指南。

《讚禮地藏菩薩懺願儀》又稱《禮地藏儀》，爲蕅益大師整合「地藏三經」

（李澄鋒　攝）

思想所創。修學地藏懺儀，能幫助我們懺罪消災，化解修行障礙，安心學法。

共修的力量深入地藏願海

因此，不應將對地藏菩薩的認識，局限在幽冥教主、超度亡魂的概念，也不能把地藏法會和地藏懺窄化為超度先亡、追求現世利益的經懺佛事。應當透過共修的力量，體會《地藏經》裡的大願精神，並了解地藏懺的緣起和涵義，才能夠明白發願的意義，並以佛法超度自己，自度度他，圓滿佛道。

Question 37

什麼是地藏三經？

「地藏三經」指的是《地藏菩薩本願經》、《大乘大集地藏十輪經》、《占察善惡業報經》，儘管地藏菩薩的相關經典很多，但佛教徒最常聽常誦的仍以《地藏經》爲主。

了解因果業報，出離生死流轉

《地藏經》主要在宣說地藏菩薩的本誓願力，並闡揚因果報應的觀念。《十輪經》闡述無量劫以來的因果關係，並依佛的十種法輪來對治凡夫的十種惡業，尤其強調禪定的工夫，提出數、隨、止、觀、轉、淨等六個由淺入深的方法。《占察經》則教人先以「木輪相法」檢視並懺悔身、口、意三業，透過懺法清淨身心之後，才能進入心地法門，修持「唯心識觀」和「眞如實觀」兩種觀行。

地藏菩薩本願經卷中
唐于闐國三藏沙門實叉難陀譯
地獄名號品第五
爾時普賢菩薩摩訶薩白地藏菩薩言仁
者願為天龍四眾及未來現在一切眾生
說娑婆世界及閻浮提罪苦眾生所受報
處地獄名號及惡報等事使未來世末法
眾生知是果報地藏答言仁者我今承佛
威神及大士之力略說地獄名號及罪報
惡報之事仁者閻浮提東方有山號曰鐵
圍其山黑邃無日月光有大地獄號極無
間又有地獄名大阿鼻復有地獄名曰四
角復有地獄名曰飛刀復有地獄名曰火
箭復有地獄名曰夾山復有地獄名曰通
槍復有地獄名曰鐵車復有地獄名曰鐵
牀復有地獄名曰鐵牛復有地獄名曰鐵
衣復有地獄名曰千刃復有地獄名曰鐵
驢復有地獄名曰烊銅復有地獄名曰抱
柱復有地獄名曰流火復有地獄名曰耕
舌復有地獄名曰剉首復有地獄名曰燒

（李東陽　攝）

地藏三經所提出的修行方法與福德利益不盡相同，但根本要義都是幫助我們了解因果業報，出離生死流轉。

可誦持《地藏經》為定課

相較於《十輪經》和《占察經》，《地藏經》通俗易懂，而且佛陀在〈囑累人天品〉中也告訴大眾，只要聽聞讀誦《地藏經》便能獲得天龍護念、衣食豐足、遠離災殃、眷屬和樂、業障永除、先亡離苦、畢竟成佛等二十八種利益，所以地藏法門修持者多誦持《地藏經》爲定課。經中也建議信仰者於每月的十齋日嚴淨身心、讀誦經典，即能消災解厄，獲得現世利益。

Question 38

《十輪經》的入出息觀是什麼？

禪觀，是地藏法門的重要修持方法，地藏菩薩即是因各種禪定力，成就不可思議功德力，而能自由來去十方救度眾生。

每日入定以救度眾生

《十輪經》便描述地藏菩薩在常寂光中，每天清晨都會入定，觀察一切受苦眾生，當眾生有所希求時，便會隨機赴感。「入出息觀」即是本經所記載的修定方法：「復方便修入出息觀，即是修習持來去念。云何由念如實觀察入息、出息？謂正觀察，數故、隨故、止故、觀故、轉故、淨故。」

以呼吸為修定的方便法門

入出息觀又稱持來去念，是以呼吸做爲修定的六種方便法門，方法爲觀察入息和出息，從數息開始，層層斷除煩惱，而得解脫自在。創建天台宗的智者大師，他所介紹的《六妙門》禪法，數、隨、止、觀、還、淨，其中的「還」，與「入出息觀」的「轉」相通。

由於《十輪經》和《占察善惡業報經》介紹的禪修方法，對初學佛者來說太困難，不妨透過誦經、持咒或稱念地藏菩薩聖號爲每日固定的定課，先培養自己的定力，再進而修學初階禪法，較易實踐。而無論修學哪一種方法，最重要的皆是要與地藏菩薩的願力相應。

（許朝益　攝）

Question

39

《占察善惡業報經》的禪定十法為何？

地藏菩薩於《占察善惡業報經》裡，教導眾生禪定十法，以明心見性，入一實境界。

一實境界，二種觀道

如《占察善惡業報經》說：「若欲依一實境界修信解者，應當學習二種觀道。何等為二？一者唯心識觀，二者眞如實觀。」眾生要領悟清淨的本來面目，識得如來藏，就要修學二種觀道：唯心識觀、眞如實觀。唯心識觀為漸悟修法，眞如實觀為頓悟修法。

修學禪定十法

地藏菩薩說：「如是修學一切諸禪三昧法者，當知有十種次第相門，具足攝取禪定之業，能令學者成就相應，不錯不謬。」此禪定十法包括：

1.攝念方便相。

2.欲住境界相。

3.初住境界，分明了了知出、知入相。

4.善住境界得堅固相。

5.所作思惟，方便勇猛，轉求進趣相。

6.漸得調順，稱心喜樂，除疑信解，自安慰相。

7.剋獲勝進，意所專者，少分相應，覺知利益相。

8.轉修增明，所習堅固，得勝功德，對治成就相。

9.隨心有所念作，外現功德，如意相應，不錯不謬相。

10.若更異修，依前所得而起方便，次第成就，出入隨心，超越自在相。

Question 40

如何依地藏法門持戒？

持守十善法，實踐「身三、口四、意三」的「十善」法門，是學習地藏菩薩的基本持戒功課。

遠離惡業、清淨安樂

所謂的十善，包括不殺生、不偷盜、不邪淫、不妄語、不綺語、不兩舌、不惡口，不貪欲、不瞋恚、不愚癡。當我們修行十善時，身、口、意三業便能遠離惡業、清淨安樂，因此，十善業道不僅在「地藏三經」中皆提及，也被視爲「一切善法功德的根本」。

成佛的基本功課

聖嚴法師曾勉勵人說：「心清淨三毒就不生，口清淨則四過不起，身清淨則三惡業不造。」把十善法徹底實踐，不但可免於墮落三惡道，也是一切菩薩六度萬行的基礎，是成佛的基本功課。

（張晴　攝）

4

地藏好願在人間

Question

41

如何學地藏菩薩成為善安慰說者？

由於地藏菩薩善於說法來安慰他人，所以也被稱為「善安慰說者」。他能夠善巧開導心性怯懦的人，充滿信心修學大乘佛法，相信眾生皆能成佛。

指責人或關懷人？

很多佛教徒都希望自己也能像地藏菩薩一樣，成為善安慰說者，成為別人學佛的善知識，所以總是苦口婆心地勸人學佛。然而，有時卻適得其反，讓人退避三舍。因為有的人常常動輒習慣說：「你的業障重，要多發心！多布施！」「你不念《地藏經》，死後下地獄怎麼辦？」……。這些話雖然都是出自好意，但是態度讓人很難接受，覺得被指責而非關懷。

（許朝益　攝）

帶給人安心的祝福力量

如果我們希望自己能像地藏菩薩實踐願力，既幫助亡者免於下墮，也撫慰生者不安的心，應該先讓別人一見到我們就有安心、溫暖的感覺，可以感受到安定的氛圍。

在開口安慰人或勸勉人前，不妨觀想地藏菩薩的慈悲微笑或是持誦地藏菩薩聖號爲對方祝福，或是爲對方發一個好願，都可以讓我們身心柔軟、話語親切，成爲讓人覺得溫暖的菩薩，歡喜接受我們的祝福。

Question

42 如何以地藏願力轉五濁惡世爲人間淨土？

我們所居住的世界爲「五濁惡世」，也稱娑婆世界、堪忍世界。所謂的娑婆，即是堪忍的意思，苦樂參半，勉強能夠接受，而忍耐地生活。通常十方諸佛都是以願力建設佛國淨土，地藏菩薩卻發願學習佛陀，願意現出家相，在穢土成佛。

清淨的僧團續佛慧命

雖然我們生於無佛的時代，但是有清淨的僧團續佛慧命，如同地藏菩薩發願在五濁惡世出家度衆生。法鼓山僧團的剃度典禮，選在地藏菩薩的聖誕日舉行，即是希望出家衆能效法地藏菩薩荷擔如來家業，發願廣度一切衆生。

（李澄鋒　攝）

如果我們遇到法師，如同看到地藏菩薩，見出家的清淨莊嚴相，反觀自己一身煩惱而感到慚愧、懺悔，生起菩提心、出離心，便能以法水洗滌自己的心。禮敬佛、法、僧三寶，發願護持三寶、用功修行，便能成為轉五濁惡世為人間淨土的力量，不再製造煩惱汙染。

一念存好心，一念生淨土

如同地藏菩薩發願在穢土成佛，與其擔憂世界末日，或懊惱自己生於末法時代，不如發願創建人間淨土。依著地藏法門與法師教導，修學戒、定、慧三學，清淨貪、瞋、癡三毒，雖然身在穢土世界，卻能體驗到聖嚴法師所說的人間淨土世界：「一念存好心，一念生淨土；一念離煩惱，一念見淨土。一處有人行善，一處即是淨土；處處有人行善，處處都見淨土。」

Question

43

如何培養地藏願力，感恩大地？

大地如母親孕育萬物，但是我們留給母親的卻是空氣汙染、土壤汙染、噪音汙染、水汙染……，如一個任性的孩子，只是不斷討取，卻未感恩圖報。我們可以地藏菩薩的孝親精神和度衆願力，試著以心靈環保先幫助自己轉染成淨，進而學習地藏大願推廣生活環保、禮儀環保、自然環保，改善社會風氣，修復自然環境，以此來感恩大地。

頂禮地藏，修大地觀

然而，由於現代生活的科技文明發達，很多人觀念上都知道保護環境、珍惜大地的重要，但是很難感受自己與大地世界的連結關係，我們可從地藏法門、從大地觀重新體驗。

越南一行禪師便經常鼓勵大眾「接觸大地」，透過三次或五次的頂禮，放開身與心。第一次頂禮，納受父母、歷代祖先以及佛陀、善知識傳遞給我們的智慧、愛與經驗，感恩他們喚醒我們，讓慈悲智慧的寶藏得以開啓。

再一次頂禮，看見自己與他人緊密相連：「我是遭到砍伐的森林，是受到汙染的河流與空氣，也是砍伐森林並汙染河流空氣的人。我在一切物種身上看見自己，也在自己身上看見一切物種。」

最後一次頂禮，提醒沒有一個獨立存在的自我，我們本身就是大地，是生命的一部分，繼而發願將這份心量與關懷，傳遞給未來的世代。

感恩大地萬物

藉由禮拜大地，體會大地的無私包容，調伏我們的慢心，每一次與大地親近、與大地合而爲一，便能從中領略地藏菩薩對衆生的無量悲心，讓自己對大地、對衆生，生起慚愧、懺悔與感恩之心。而只要能起一念善心，便能點燃去惡向善的大願心，成爲守護地球的力量。

Question

44

遇到困難想放棄時，如何產生地藏願力？

地藏菩薩有一個很強烈的特質，即是愈困難的環境，愈能激發出他的潛能，試想要讓人們不墮惡道，或親下地獄救度衆生，這種挑戰是極其困難的超級任務，但地藏菩薩不畏困難，發揮潛能，運用十善對治十惡，以願力化解了阻力。人們常常只要一受挫便想退縮，不妨學學地藏菩薩，展現堅強的意志力。

抗壓耐勞的續航力

特別是現代人最常被批評的就是耐力不足，持續力不足，做事情三分鐘熱度，也就是現代管理學上所說的「續航力」不夠，無法持之以恆。反觀地藏菩薩發的願，是無窮無盡的大願，地獄何時會空呢？地藏菩薩爲何要發這樣的願呢？其實地藏菩薩最難能可貴的是難忍能忍，別人愈不想做的，他依然勇往直前。

（許朝益　攝）

雖然眾生惡習重，總在地獄進進出出，但地藏菩薩依然堅持他的願，無視這無盡頭的任務，依然堅持運用各種方便來度眾，展現無比的耐力度眾，所展現的正是「菩薩道」精神。

菩薩道的馬拉松精神

我們在許多成功人士身上，也可以看到他們的續航力，為了堅持夢想，遭遇到挫折、困難，還是始終如一。不論是工作或修行，都需要有續航力。而當我們失去信心，提不起心力時，不妨想想地藏菩薩，想想需要我們協助的大眾，讓自己以願力來提振心力。

Question

45

如何依地藏精神修福，利益眾生？

《地藏經》中，佛陀教導許多平易近人的修行方法，包括布施、供養、讚歎、禮拜、持名、彩畫佛像等，但是佛陀應不希望我們只是參加法會寫牌位，或計算自己誦了多少部《地藏經》？念了多少聲佛號？累積多少福報？地藏菩薩的法門是歡喜涵容、成就一切萬物，我們可以由布施法入手來學習地藏菩薩，放下自我、成就他人，幫助更多眾生離苦得樂。

布施供養，放下自我

布施，在《地藏經》中扮演相當重要的地位，不僅有婆羅門女、光目女設供修福救度母親，而在第六品〈如來讚歎品〉也提到，如果家中有人長年臥病在床、夜夢惡鬼或身心不安，除了誦經迴向，更要「取病人可愛之物」，做大布施。

布施其實就是放下，能幫助我們練習不執著。以最實際的生死問題來說，如果平常不練習放捨，臨終便很難放下萬緣，自在往生。對於一輩子習慣於執取、汲汲營營的我們來說，如何不隨業流轉呢？

可先從捨棄身外之物做起，體驗「好的不喜歡，壞的不討厭」，慢慢放下對外境的攀附，放下身段、名聞利養，放下一種嗜好、習慣，讓自己慢慢從貪、瞋、癡的束縛中解脫。因此，布施不只放捨身外之物，最重要的是將內心的分別、妄想、執著放下。

法的禮物

我們也可在日常生活中，練習菩薩最究竟的供養——無畏施。「面上無瞋供養具，口裡無瞋吐妙香，心裡無瞋是珍寶，無染無垢是眞常。」地藏菩薩過去身爲大長者子時，便是見到師子奮迅具足萬行如來的相好莊嚴而發心學佛、救度衆生。練習布施不一定要有錢，只要讓人看到我們、與我們接觸時，感到平安歡喜，即便一個眼神、一個微笑、一句佛號，都是法的禮物。

Question 46

如何學習地藏菩薩孝順父母？

地藏菩薩願力之深、之廣，讓佛陀不只一次讚歎：「汝之慈悲不可思議。汝之智慧不可思議。」而促使著菩薩能夠一生又一生、一次又一次，發願救度眾生的原動力，則來自於一念的孝心。

爲了可以救度母親出離地獄，地藏菩薩放下自己，提起眾生：「卻後百千萬億劫中，應有世界，所有地獄，及三惡道，諸罪苦眾生，誓願救拔，令離地獄惡趣、畜生、餓鬼等。如是罪報等人，盡成佛竟，我然後方成正覺。」《地藏經》裡，地藏菩薩想方設法，殷殷化導我們孝順父母、敬愛父母。

與父母同行菩薩道，究竟的大孝

在與父母的互動中，「順」是最不容易做到的，從小到大，總是經常辜負父母對我們的愛與包容。其實順的方法，就是學習地藏菩薩，安忍不動如大地。全然接受並且包容父母的一切，雖然是順，但是引導他們一起培福修慧、向上向善，才是眞正的孝。

明末蓮池大師於〈七筆勾〉指出：「恩重山坵，五鼎三牲未足酬，親得離塵垢，子道方成就。」錦衣玉食不足以報父母恩，唯有透過自己的修行與發願，迴向父母、影響父母，幫助彼此步上菩薩道，解脫煩惱，才是究竟的大孝。

救度無量無數的父母

在生死流轉中，我們除了這一世的父母，無量的過去與未來生中，也有無量

（許朝益　攝）

無數的父母。地藏菩薩的救度，則不分遠近親疏，怨親平等。透過大願與大孝，地藏菩薩引領我們進入重重無盡的網絡，讓我們看見自己並不獨立於父母之外，我們的生命是一體的，願能同發菩提心，同成佛道。

Question

47

如何用地藏法門做臨終關懷？

地藏菩薩的救濟精神，就是帶給生者安慰，帶給臨終者安心。《地藏經》中提到：「臨命終時，若得聞一佛名、一菩薩名，……我觀如是輩人，除五無間殺害之罪，小小惡業，合墮惡趣者，尋即解脫。」人們在臨終時，特別需要可保證不墮惡道的方法，地藏法門能助人免入惡道。

以地藏法門超度祈福

《地藏經》也提到，凡是家中有人生病，臨命終時，或已經往生，應該爲其誦《地藏經》、供地藏像，修布施、做供養，乃至在七天之中，爲他稱念地藏菩薩的名號滿一萬遍，便能夠使他在往後千萬生中，都能出生在尊貴人家。

（李澄鋒　攝）

替亡者累積功德，讓生者心有所依

透過誦經迴向的過程，不僅是替亡者累積功德，也是讓生者心有所依，讓心平靜、獲得安慰。《地藏經》提到做佛事有七分功德，亡者得一，生者得六，是眞正的冥陽兩利。

而爲使臨終不墮惡道，《地藏經》提到：「臨命終時，父母眷屬宜爲設福，以資前路，……或轉讀尊經，或供養佛像及諸聖像。乃至念佛菩薩及辟支佛名字。」因爲臨命終時，神識惛昧，不辨善惡，乃至眼耳更無見聞，所以：「諸眷屬當須設大供養，轉讀尊經，念佛菩薩名號。如是善緣，能令亡者，離諸惡道，諸魔鬼神，悉皆退散。」生者可爲臨終者種福，使能令亡者不落惡道，衆罪消滅。

地藏菩薩的救濟願力，不但是臨終關懷的救拔，也是生命教育的依歸，是超越生生死死，貫穿生生世世的菩薩道。

48 如何以地藏菩薩的願力激發工作潛力？

地藏菩薩不僅選擇在五濁惡世度眾，連處於無佛世界時，他也承擔起度眾的責任，展現過人的「承擔力」。

不推諉卸責，一肩承擔

「眾生度盡，方證菩提」是地藏菩薩所發的願，因爲有承擔力，所以地藏菩薩能在最黑暗的地方度化眾生。聖嚴法師也曾說：「急需要做、正要人做的事，我來吧！」因此，無論遇到任何事，法師從不退縮，無論是赴日留學、開創法鼓山、創辦法鼓大學，總是一肩承擔。

面對問題與其問：「爲什麼是我？」不如問：「我能做什麼？」一個有承擔

（陳亭儒　攝）

力的人，不會推諉卸責，或怨老天不公平，而是盡全力解決問題。

發願能讓潛力變成實力

地藏菩薩縱使在最痛苦的地獄中度衆，依然不改其心志，展現承擔力，遇到任何困難總是「捨我其誰」，所以佛陀將彌勒降世前的成熟有情「重責大任」交託給地藏菩薩。如果我們為人處世有承擔力，在人際關係上一定有好人緣；在職場上，也能獲得上司的信任，交託重要的職責。

學習地藏菩薩發願，將能為自己帶來信心。不論成敗，如果沒有累積的經驗，便無法成熟工作的智慧。能有發願承擔的勇氣，便能有鍛鍊自己的機會，讓工作的潛力變成眞正的實力。

Question

49

如何學習地藏菩薩開啓心地無盡藏？

「明因果，詳事理，堅信心，啓智慧，光大孝道，止於至善之域，即心地無盡寶藏。」淨空法師在《地藏經的啓示》分享，每每到各地弘化，他一定先從《地藏經》講起，就像興建道場，有地基才能開展弘化事業，修行也是如此，而《地藏經》傳授的內涵，就是教我們從心地的建設做起。

將心比心

《地藏經》裡描繪了各樣各類的苦難，生老病死、天災人禍、戰爭疾疫，這些種種也發生在我們生活周遭，甚至自己的身上。因此如何從誦經過程中，培養對於苦難眾生的慈悲心，不只是停留在經文表相，而能學習地藏菩薩，去觀察眾生的苦、感受眾生的苦，甚至化解眾生的苦，也是每個菩薩行者所要努力學習的方向。

我們可以從將心比心的感同身受，開始練習地藏菩薩無限慈悲廣大的心量。試著設身處地、從他人的角度出發，明白凡夫眾生都是受業力所支配，才會不斷造作惡業，以包容心看待眾生的言行舉止，就能化解彼此的對立衝突。

深入地藏菩薩的心地法門

孝養父母、發菩提心、深信因果、修十善業……，凡此種種，不分宗派、法門皆由此入佛法大海，《地藏經》猶如修行地基，不僅契合當代社會的需要，也是每一個佛教徒提昇生命的基礎。深入地藏菩薩的心地法門，轉化自己的生命向度，才能眞正造福世界。

（梁忠楠　攝）

Question

50

應學地藏菩薩度盡眾生再成佛，或先成佛再來度眾生？

成佛的路上，你會選擇自己先解脫？還是讓身旁的人先解脫？

成佛的基石，利他為先

地藏菩薩過去生為小國王時，也曾面臨這樣的抉擇。當時他和鄰國國王是好朋友，兩人經常一起行善救濟百姓，但人民依然造惡多端、飽受各種苦難，於是一王發願，自己先成佛再來廣度眾生，一王則發願：「若不先度罪苦，令是安樂，得至菩提，我終未願成佛。」這便是「眾生度盡，方證菩提」的地藏菩薩。

修行過程裡，一定會遇到這樣的問題，先想到自己？還是先想到眾生？我們通常都是會先想到自己，諸佛菩薩以願來下化眾生，凡夫則是以願來上求佛道，可是《地藏經》卻提醒我們，想要上求佛道，反而要先發願下化眾生。

以他為我，為人著想

生命的旅途中，必然存在著許多的抉擇，而且每個選擇經常夾伴著善與惡、自私與利他，處處挑戰著我們的「自我」有多大？

聖嚴法師曾分享，他到任何地方或見到任何人，從沒想過要爭取什麼，或希望對方能給自己好處，他所想的通常是：「對方需要什麼？我能給他什麼利益或希望？」並勉勵人：「今生的大功課，是『以他爲我』，處處爲別人著想，如此才能化熱惱爲清涼，化愚癡爲智慧，化痛苦爲喜悅。」

地藏菩薩的大願就像大地，容受一切受苦受難的眾生，令眾生安住，並以願來增長一切善法。地藏菩薩展現的，不僅是救度眾生的悲心，也是身爲佛教徒應

（江思賢　攝）

有的心量。

在今日你爭我奪、個人主義至上的主流價值當中，地藏菩薩無盡的願行，提供了一個不一樣的思考。如果我們能以合作代替競爭，以助人來助己，便能夠在成就別人中，同時也圓滿了自己的人生與修行。

學佛入門Q&A 20

地藏菩薩50問

50 Questions about Earth-Treasure (Kṣitigarbha) Bodhisattva

編著	法鼓文化編輯部
攝影	王育發、江思賢、李東陽、李蓉生、李澄鋒、梁忠楠、陳亭儒、許朝益、張晴、傅鴻鈞、釋常鐸
出版	法鼓文化
總監	釋果賢
總編輯	陳重光
編輯	張晴
美術設計	和悅創意設計有限公司
地址	臺北市北投區公館路186號5樓
電話	(02)2893-4646
傳真	(02)2896-0731
網址	http://www.ddc.com.tw
E-mail	market@ddc.com.tw
讀者服務專線	(02)2896-1600
初版一刷	2019年5月
初版三刷	2023年5月
建議售價	新臺幣160元
郵撥帳號	50013371
戶名	財團法人法鼓山文教基金會—法鼓文化
北美經銷處	紐約東初禪寺 Chan Meditation Center (New York, USA) Tel: (718)592-6593 E-mail: chancenter@gmail.com

法鼓文化

國家圖書館出版品預行編目資料

地藏菩薩50問 / 法鼓文化編輯部編著. -- 初版.
-- 臺北市 : 法鼓文化, 2019.05
面； 公分
ISBN 978-957-598-815-9（平裝）

1.地藏菩薩 2.佛教修持

225.82 108003841